부정문

3단~6단, 8단을 충분히 익히지 않고
9단을 나가면 어려울 수 있습니다.

★ 시작하기 전에

나는 행복하다가 I'm happy,
나는 행복하지 않다가 I'm not happy.인 것과
너는 행복하다가 You're happy.
너는 행복하지 않다가 You're not happy.임을
가르쳐주고 하루~일주일간 반복해서 가르쳐주세요.

예시) 나는 행복하다는?
I'm happy. (아임 해피)
나는 행복하지 않다는?
I'm not happy. (아임 낱 해피)

함께 고생한 딸
루나에게 감사드립니다

책을 집필할 수 있도록
다하를 봐주신 부모님과
어린이집 선생님들께 감사드립니다

Miklish.com

1 '행복한'이 뭐였지? (happy)

[2] 나는 행복하다는?

I'm happy.

(생략 가능) 3 '나는 행복하지 않다'가 I am not happy면, (또는 줄여서 I'm not happy)

4 나는 행복하지 않다는?

be동사(여기에서는 am) 다음에 not을 쓰면 '아니라는' 말이야.

I'm not happy.

1 '늙은'이 뭐였지? (old)
2 '나는 늙었다'는? (I'm old)

[3] 너희들은 늙었다는?

'너'도 you이고 '너희들'도 you야.

You're old.

(생략 가능) 4 '나는 늙지 않았다'는? (I'm not old)

[5] 너희들은 늙지 않았다는?

be동사(여기에서는 are) 다음에 not을 쓰면 '아니다'라는 말이야.

You're not old.

1 '나쁜'이 뭐였지? (bad)
2 '나는 나쁘다'는? (I'm bad)

3 그녀는 나쁘다는?

She's bad.

(생략가능) 4 '나는 나쁘지 않다'는? (I'm not bad)

5 그녀는 나쁘지 않다는?

be동사(여기에서는 is) 다음에 not을 쓰면 '아니다'라는 말이야.

She's not bad.

1 '개(강아지)'가 뭐였지? (dog)
2 '그것은 한 개이다'는? (It's a dog)

3 그것은 한 개(강아지)가 아니다는?

It's not a dog.

1 '그것은 작다'는? (It's small)
2 '그것은 작지 않다'는? (It's not small)

3 그 늑대는 작지 않다는?

대명사가 아닌 일반명사(wolf)는 wolf is를 줄여서 wolf's로 잘 쓰지 않아. 그렇게 쓰면 주로 '늑대의'를 의미해서 뜻을 혼동할 수 있거든.

The wolf is not small.

1 '충분한'은 enough야. '그것은 충분하다'는? (It's enough)
2 '그것은 충분하지 않다'는? (It's not enough)

3 그 음식은 충분하지 않다는?

The food is not enough.

1 '준비된'은 ready야. '그녀는 준비된다'는? (She's ready)
2 '그녀는 준비되지 않는다'는? (She's not ready)

3 그 소녀는 준비되지 않는다는?

The girl is not ready.

1 '읽다'가 read면 '읽는 중이다'는? (reading)
2 '그것은 읽는 중이다'는? (It's reading)

3 그것은 한 책을 읽는 중이다는?

It's reading a book.

[4] 그것은 한 책을 읽는 중이 아니다는?

It's not reading a book.

1 '나는 준다'가 뭐였지? (I give)
2 '열쇠'가 key면 '한 열쇠'는? (a key)

3 나는 한 열쇠를 준다는?

I give a key.

4 '주지 않는다'는 don't give야. 주지 않는다는? (don't give)

5 나는 한 열쇠를 주지 않는다는?

행동과 관련된 말은, 그 말(동사, 여기에서는 give) 앞에 do not을 쓰면 하지 않는다(주지 않는다)가 돼. do not을 줄여서 don't로 쓸 수 있어.

I don't give a key.

1 '나는 좋아한다'가 뭐였지? (I like)
2 '파란색'은 blue야. '파란색'이 뭐라고? (blue)

3 나는 파란색을 좋아한다는?

I like blue.

4 나는 파란색을 좋아하지 않는다는?

like는 상태와 관련된 말 같지만, 영어에서는 '행동'으로 분류해. 그래서 I'm not like가 아니라 I don't like가 맞아.

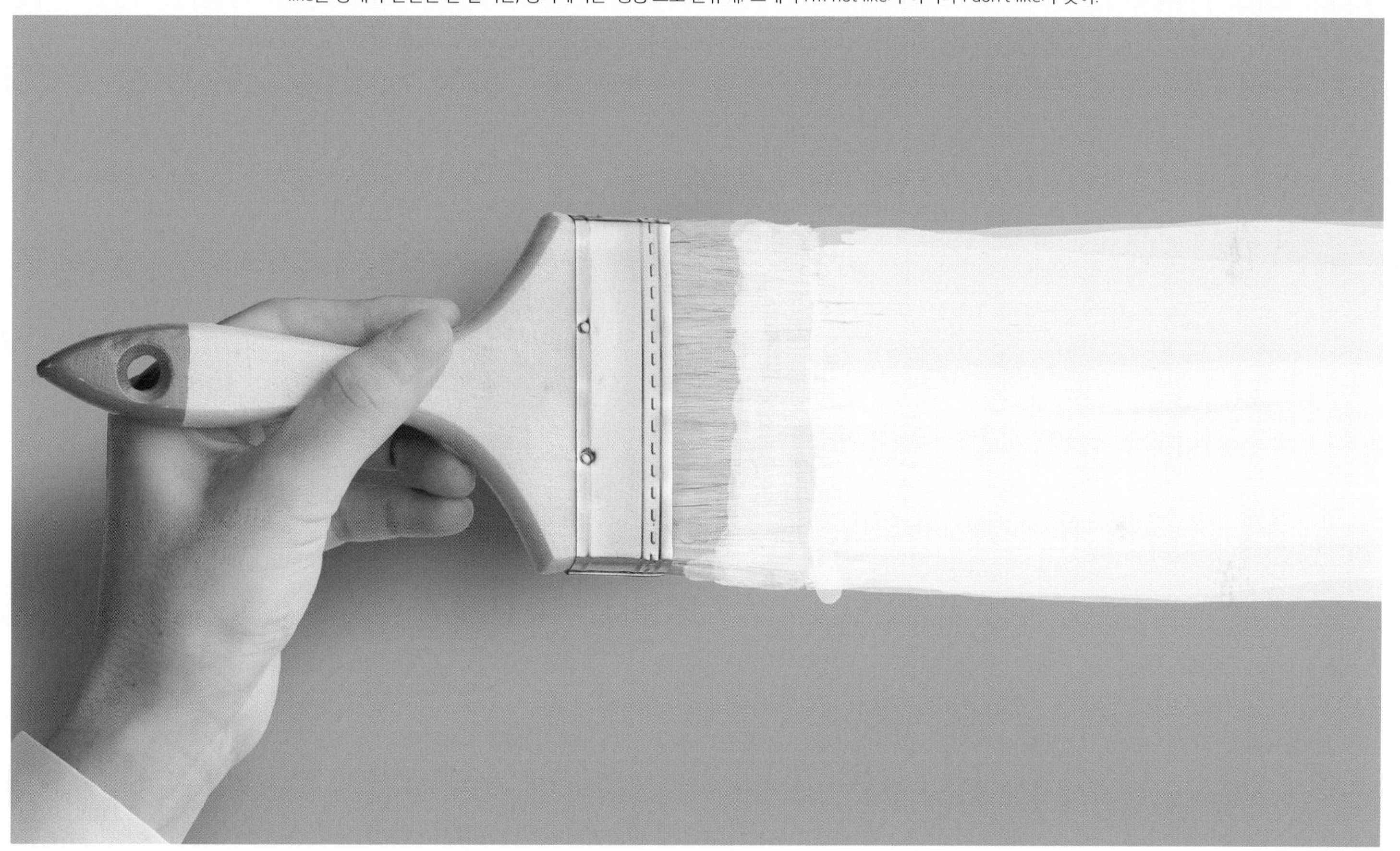

(I like white.)

I don't like blue.

1 '우리는 좋아한다'는? (We like)
2 '우리 자신을(스스로를)'은 ourselves라고해. '우리 자신을'이 뭐라고? (ourselves)

3 우리는 우리 자신을 좋아한다는?

We like ourselves.

4 '그들 자신을'은 themselves야. '그들 자신을'은? (themselves)

5 그들은 그들 자신을 좋아하지 않는다는?

They don't like themselves.

1 '나는 좋아한다'는? (I like)
2 '돌'이 뭐였지? (rock)

[3]나는 돌들을 좋아한다는?

I like rocks.

4 '그는 돌들을 좋아한다'는? (He likes rocks)

5 그는 돌들을 좋아하지 않는다는?

he, she, it 등 나와 너를 제외한 '한 개'일 때는 like 대신 likes를 쓰는데, 마찬가지로 '아니다'는 don't 대신 doesn't를 쓰고, do에 s(정확히는es)가 있으니까 like에는 s를 붙이지 않아.

He doesn't like rocks.

1 '나는 가진다'는? (I have)
2 '팔'이 뭐였지? (arm)

[3]나는 팔들을 가진다는?

I have arms.

4 '그녀는 팔들을 가진다'는? (She has arms)

5 그녀는 팔들을 가지지 않는다는?

he, she, it 등 나와 너를 제외한 '한 개'일 때는 have 대신 has를 쓰는데, 마찬가지로 '아니다'는 don't 대신 doesn't를 쓰고, do에 s(정확히는es)가 있으니까 has 대신 have를 써.

She doesn't have arms.

1 '그녀는 말할 것이다'는? (She will say)
2 '그녀는 말하지 않을 것이다'는? (She will not say)
3 무엇인지 '명확히 모르는 어떤 것'은 anything이야. '어떤 것'이 뭐라고? (anything)

4 그녀는 어떤 것도 말하지 않을 것이다는?

do에 not을 붙인 것처럼 will에 not을 붙이면 돼. 줄여서 won't로 쓸 수 있어. 그리고 '(우)오운(ㅌ)'로 읽어. won't가 어렵다면 will not을 써도 좋아.

She won't say anything.

1 '돈을 내는 것(지불하는 것)'을 pay라고 해. '그는 낼 것이다'는? (He will pay)
2 '그는 내지 않을 것이다'는? (He will not pay)
3 '나의 것'은 mine이야. '나의 것'이 뭐라고? (mine)

4 그는 나의 것을 내지 않을 것이다는?

He won't pay mine.

1 '너는 마실 수 있다'는? (You can drink)
2 '너는 그것을 마실 수 있다'는? (You can drink it)

3 너는 그것을 마실 수 없다는?

do에 not을 붙인 것처럼 can에 not을 붙이면 돼. 줄여서 can't로 쓸 수 있어.

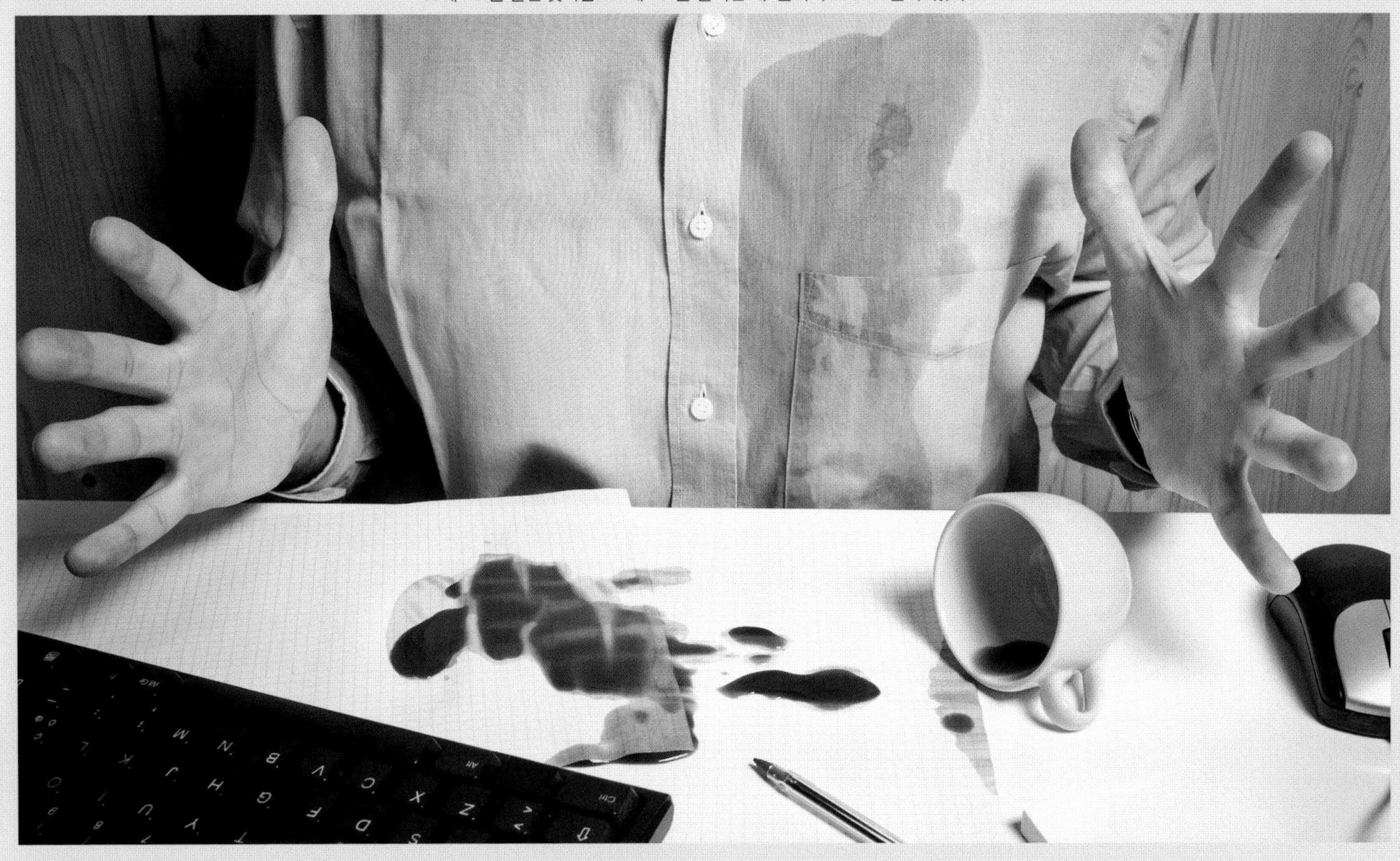

You can't drink it.

1 '그것은 펄쩍 뛸 수 있다'는? (It can jump)
2 '그것은 펄쩍 뛸 수 없다'는? (It can't jump)

그 얼룩말은 펄쩍 뛸 수 없다는?

The zebra can't jump.

1 '그는 부자이다'는? (He's rich)
2 '그는 부자가 아니다'는? (He's not rich)

3 그는 부자일 수 없다는?

He can't be rich.